Mashallah Bohot Zabardast

VOL. 1

Table of Contents

Hi dear 🌹

wanna

cnnct.....?

Assalam alaikum

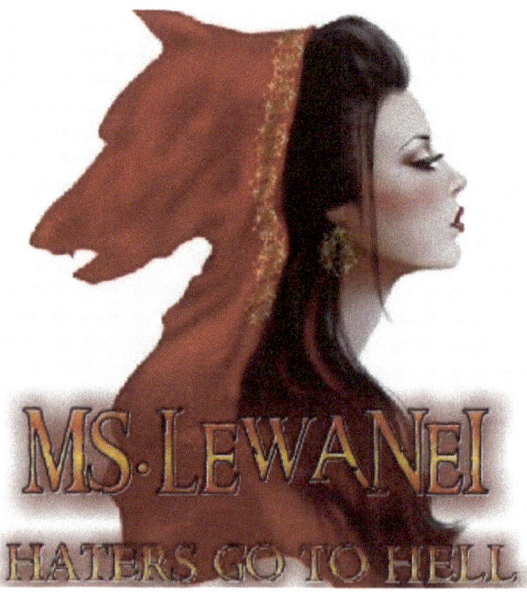

Miss Mental
Haters go to hell

Beautiful

Beautiful

Wah Wah

سردی آگئی ہے۔
گروپ میں ہیٹر لگا دیا گیا ہے۔

It is winter time.
We have placed a heater in the group.

Sardi a gayi hai, group mei
heater laga diya hai

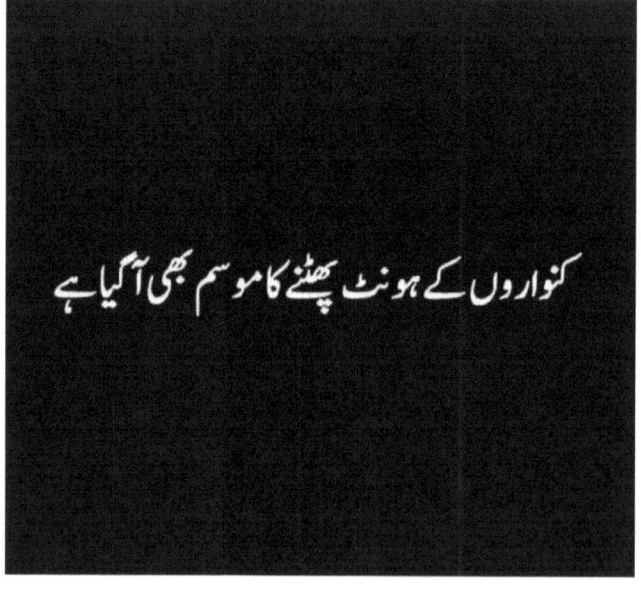

کنواروں کے ہونٹ پھٹنے کا موسم بھی آگیا ہے

The season when single people's
lips crack has arrived

Kunwaron ke honth phatney ka
mausam bhi a gaya hai

Be my friend

Yaar sha kana

Alas someone was mine

Kash koi apna hota

Will you friendship me?

Kya tum mujh se dosti karo gey?

This one's for you

Da sta la para

Thank you

Manna-na

Salam to the passengers to Swabi

Da swabai da musafiro ta salam

Stay happy forever

Sada khush raho

Wonderful

Bohot khub

Assalam-u-alaikum
Good morning

Assalam-u-alaikum
Subh bakher

Happy Friday

Jummah mubarak

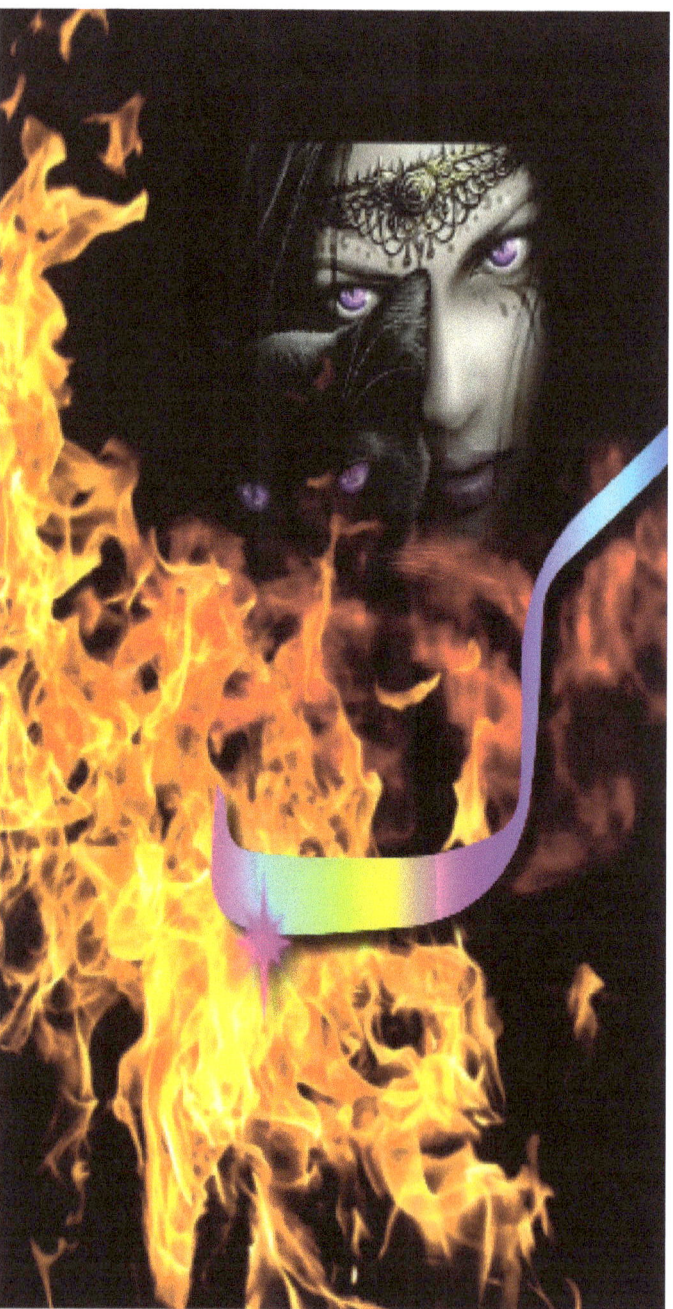

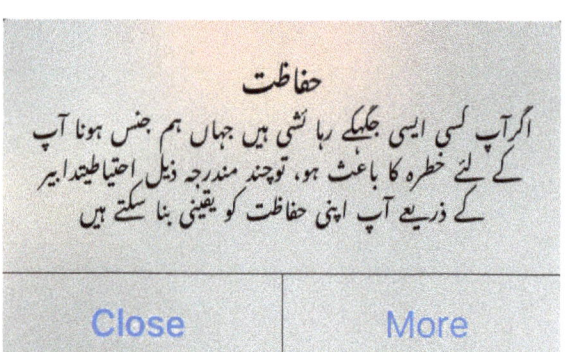

Warning! If you are a resident of a place where being homosexual can be dangerous, then through the following precautionary measures you can ensure your security

Agar aap kisi aesi jagah ke rehaheshi hain jahan hum-jins hona aap ke liye khatray ka ba-es ho, tau chand mandarja zael ehtayati tadabeer ke zariyey aap apni hifazaat ko yaqeeni bana saktay hain

Delete after seeing

Dekh kar delete kar deina

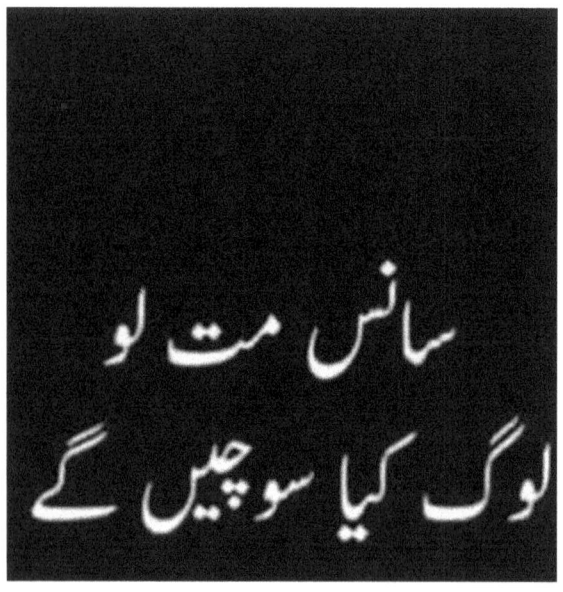

Don't breathe
What will people think

Saans mat lo log kya sochay gey

Nakhre dekho saand ke

Look at the tantrums of this bull

سر دیوں میں صرف دن ہی چھوٹے
نہیں ہوتے !

In winters, days aren't the only thing that shrink !

*Sardio mei sirf din
hi chotay nahi hotay !*

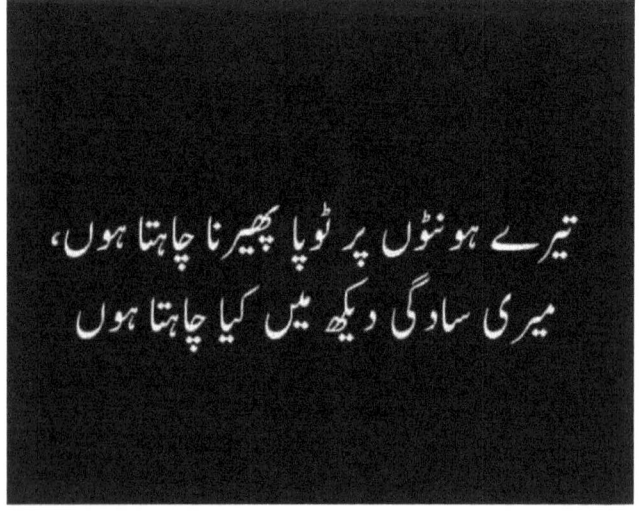

تیرے ہونٹوں پر ٹوپا پھیرنا چاہتا ہوں،
میری سادگی دیکھ میں کیا چاہتا ہوں

I want to touch the head of my dick to your lips,
look at the simplicity of what I desire

Teray hontaun par topa pherna chahta hu
Meri saadgi dekh mai kya chahta hu

Selfish friend

Matlabi yaar

The borders of our love are concrete
call your armies from wherever you want

Saday pyar da border tagra ee,
jitho dil ee fauj bula lei

For you mister

Aap ke liye Janaab

❤️❤️pUkhtOon❤️❤️
🧡Expression boi

💕 pakhtOon 💕 innocent

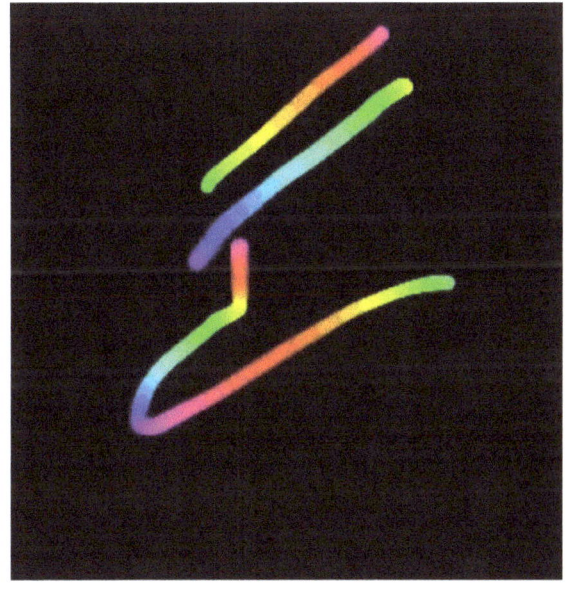

Gay

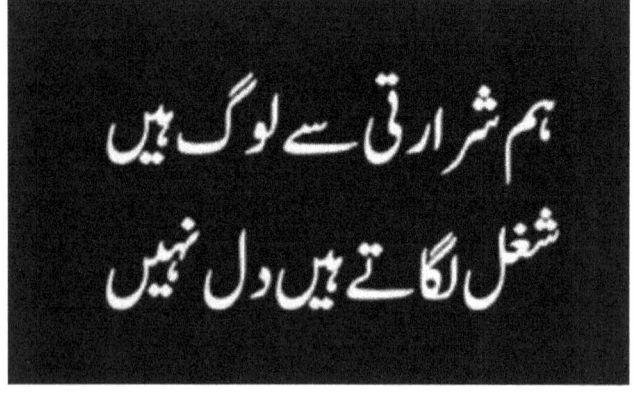

We are naughty type of people
We engage in fun not in love

Hum shararti se laug hain
Shughal lagatay hain dil nahi

Speaking English is not
something to b proud of.

Spit or oil?

Thook ya tel?

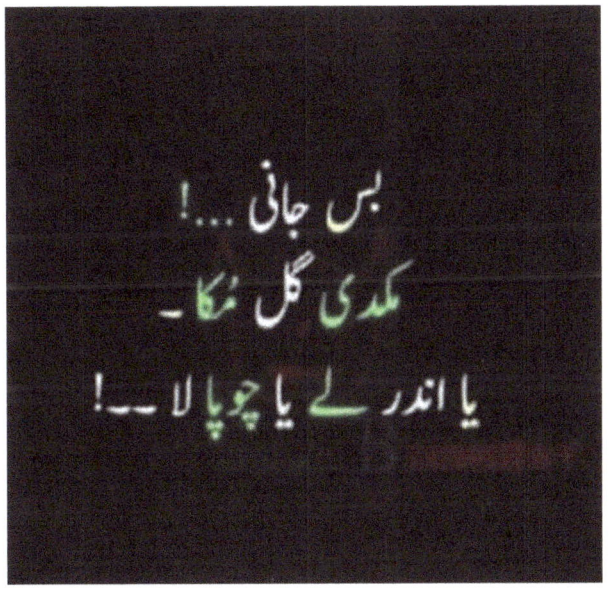

Ok jani...!
Let's get it done with
Either take it or suck it..!

Bus jaani...! mukdi gul mukka
ya undar ley ya choopa la..!

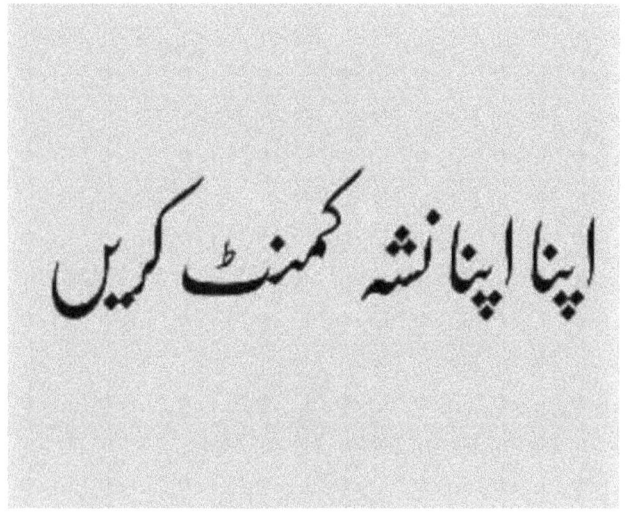

Comment your addictions

Apna apna nasha comment karein

You smoke hash with us
but get high with someone else

Charsan saday naal
Nashay tinu kisi hor de

police is using gay informative to trap gays and
demand messive bribes.
1.dont take ur smartphone on date
2.dont take any cash with u
3.call a lawyer if trapped

(dont hav place)

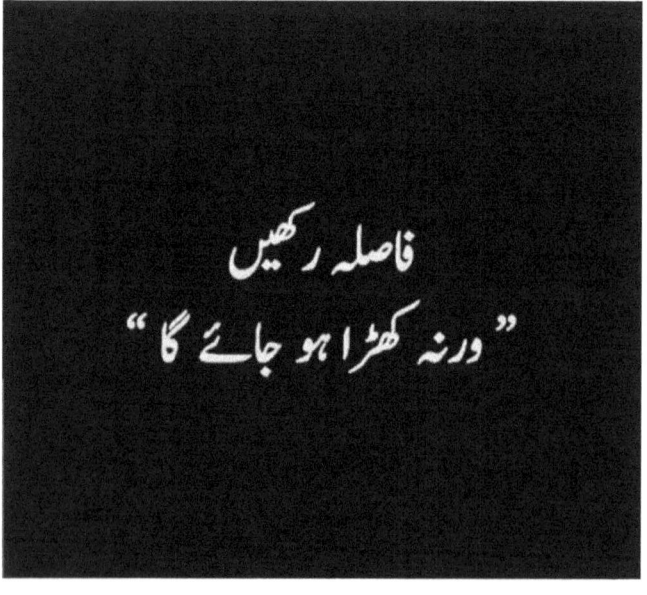

Keep away
"Otherwise I'll get hard"

Fasla rakhiye
"warna kharha ho jaye ga"

Listen dear!
Should I put it all in?

Sun jaani!
Pura daal dun?

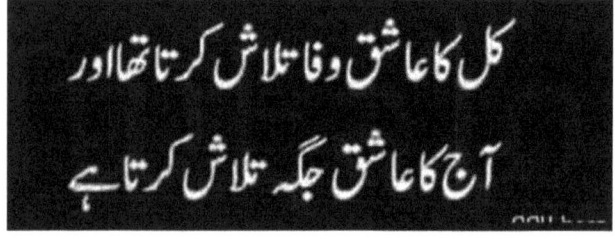

Yesterday's lover searched for loyalty
Today's lover searches for a place

Kal ka aashiq wafa karta tha
aur aaj ka aashiq jaga talash karta hai

Sexy boy

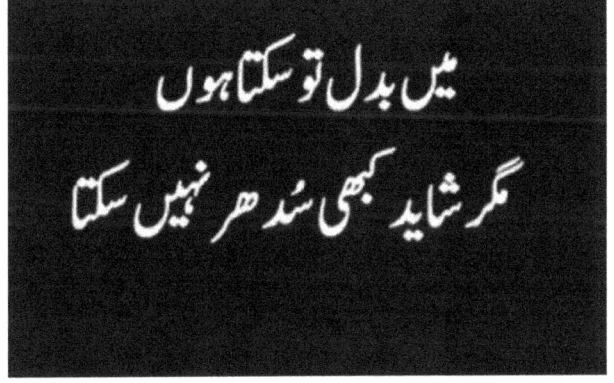

I can change
but can never be fixed

Mei badal tau sakta hun,
magar shayad kabhi sudhar nahi sakta

میں ایک لڑکا ہوں

اور عورت یا لڑکی ہی

مجھ سے رابطہ کرے

I am a boy
only a woman or a girl
contact me

Mein aik ladka hun
aur aurat ya ladki hi
mujh se rabta karein

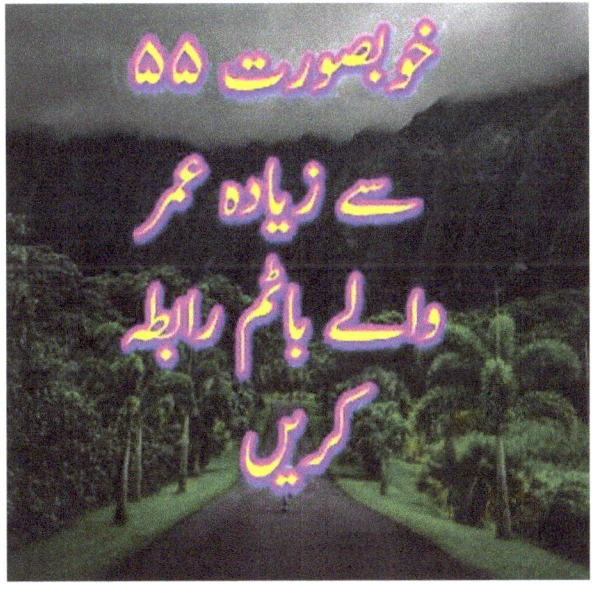

Over 55 year old pretty bottoms contact me

Khubsurat 55 saal se zyada
umar wale bottom rabta kare

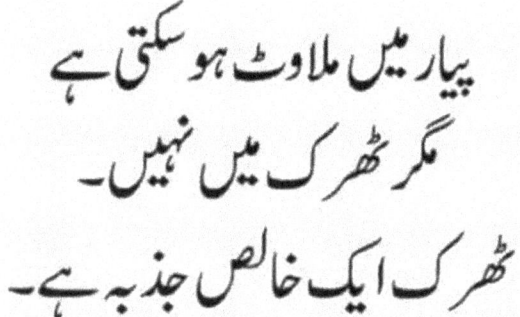

Love can be impure
not lust.
Lust is pure emotion.

*Pyar mei milawat ho sakti hai
magar tharak mei nahi.
Tharak aik khalis jazba hai.*

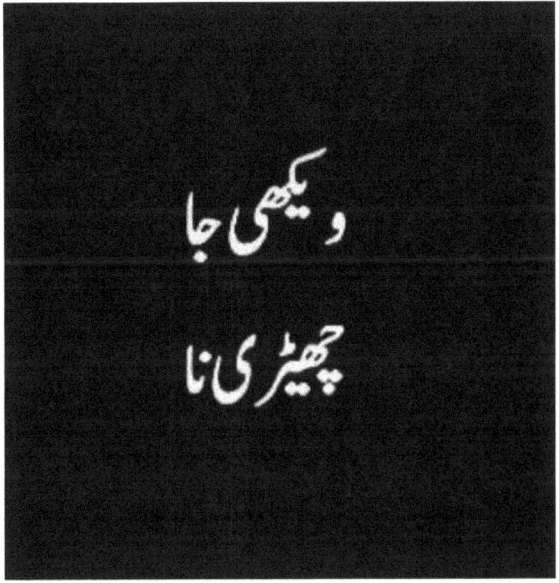

Just look
don't touch

Dekhi ja
Chaedi na

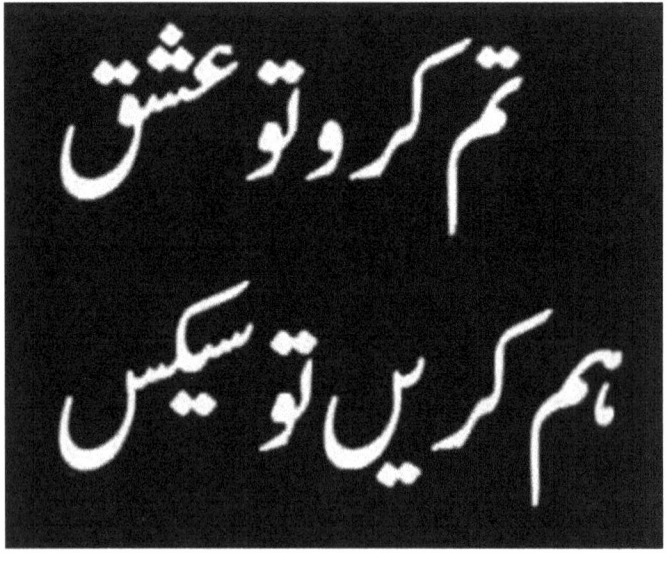

if you do it it's love
if we do it it's sex

Tum karo to ishq
Hum karein to sex

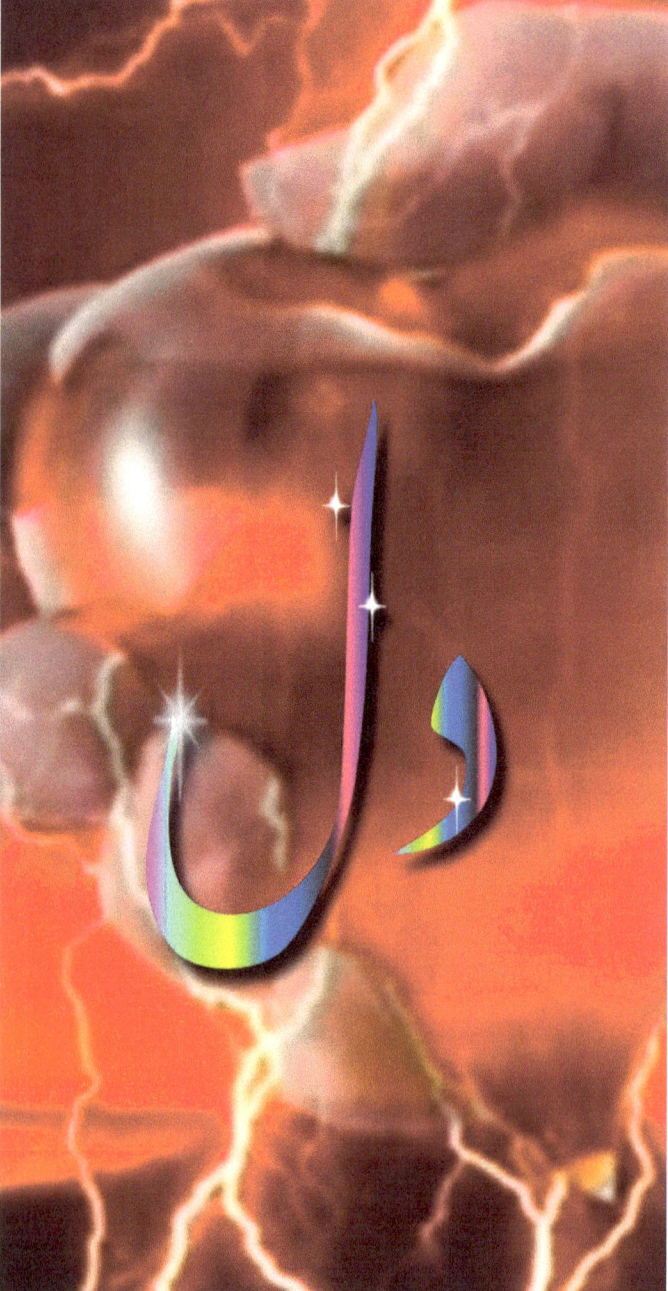

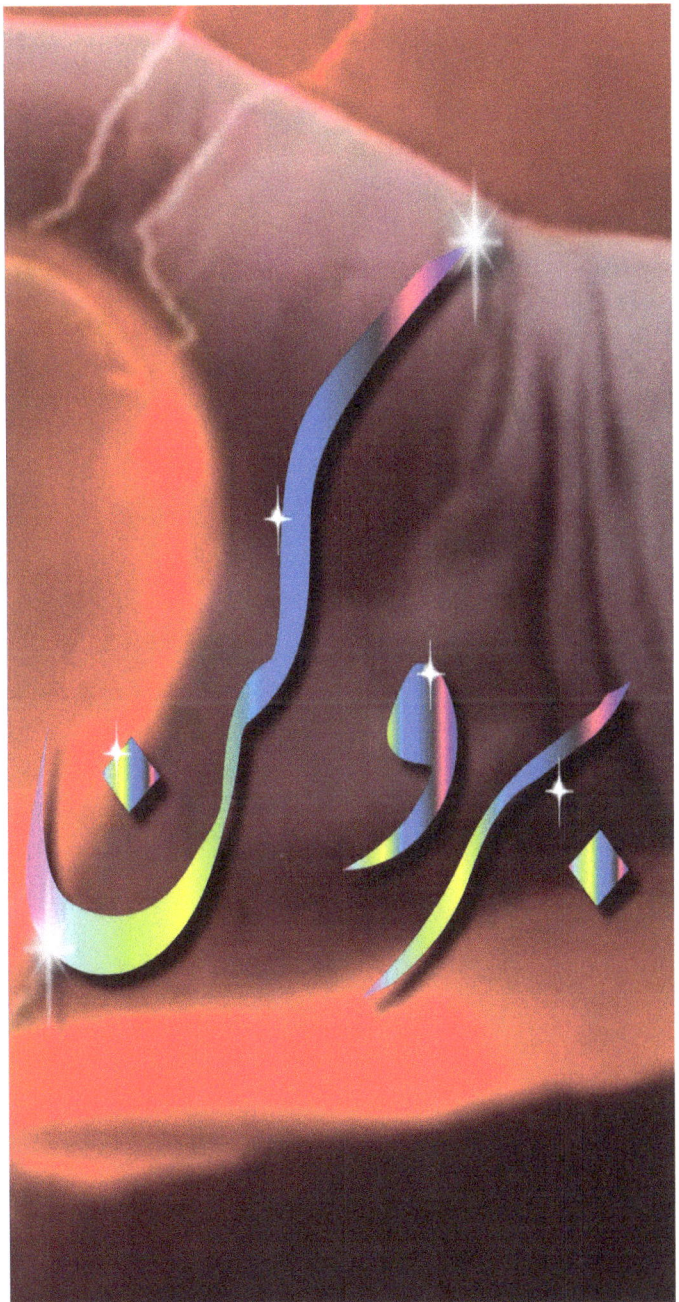

Listen
Take this heart
It keeps yearning for you

Suno
yeh dil tum rakh lo
tumharay liye pareshan rehta hai

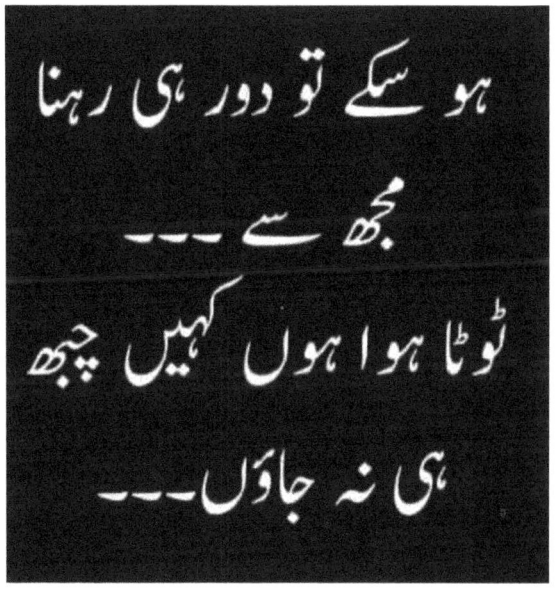

Stay away if you can
from me...
I am shattered glass
I might prick you...

Ho sakae tau door hi rehna
mujh se...
Toota hua hu kahin chubh hi na jaun...

Unfaithful friend

Bewafa yaar

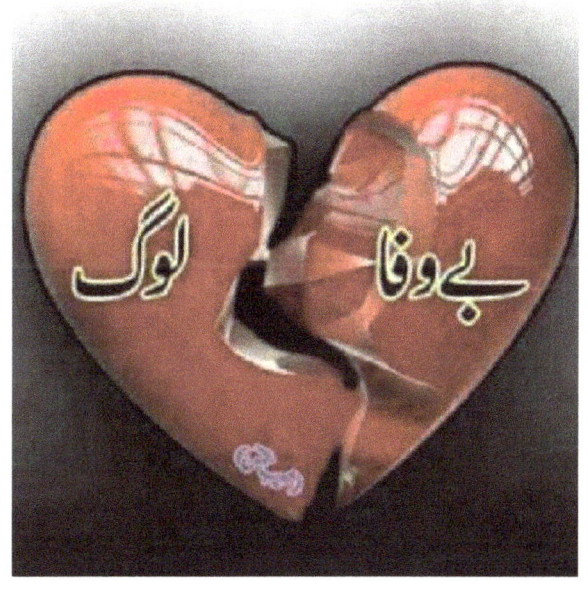

Unfaithful people

Bewafa log

The grip of your memories often
entangles me in the lines of my palms!!!

Teri yaad ki garift aksar mujhay
apnay hathon ki lakeeron mei uljha deti hai!!!

I realized the meaning of distance,
when I said "I am fine" and you believed me

Faslon ka ehsas tab hua jab mei ne kaha
"theek hun" aur us ne maan liya

Love

Ishq

Regret

Afsos

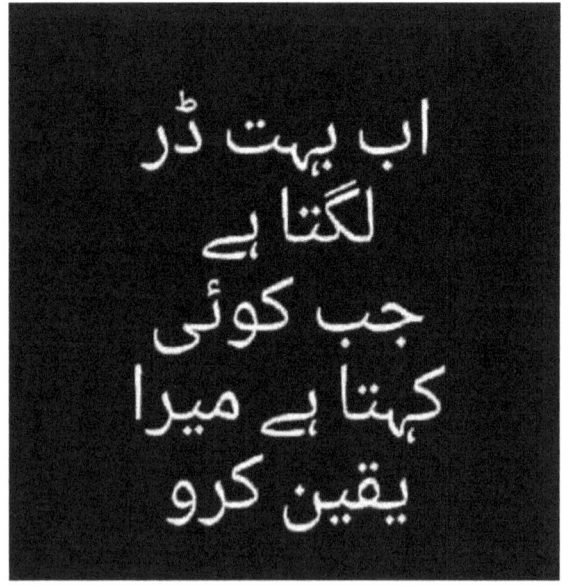

When someone says believe me,
I feel terrified

Ab boht dar lagta hai
jab koi kehta hai
mera yaqeen karo

"I wish you were mine"
and
"I wish" these were your words

"Kaash ke tum mere hote"
Aur
"Kaash" ye alfaz tere hote

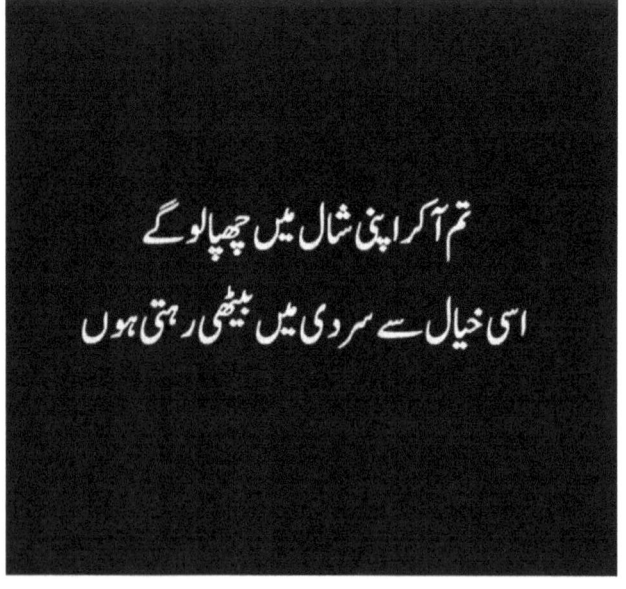

You'll come and hide me in your shawl
thinking this I sit in the cold

Tum akar apni shawl mei chupa lo gey
Isi khyal se sardi mei bethi rehti hu

World is full of sadness

Da ghum dukka dunya

Forlorn

Tanha

Loneliness is better than degenerate friendships

Be naslay yaaran tau chungi tanhai

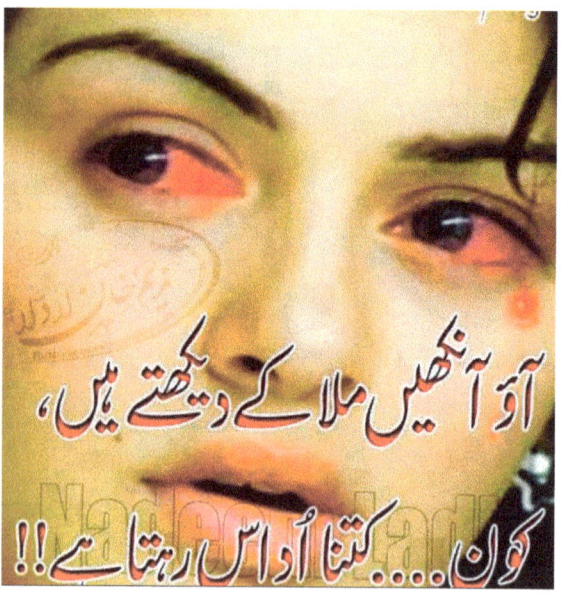

Come lets lock our eyes and see,
who.... looks more sad!!

Aao ankhein mila ke dekhtai hain,
kaun....kitna udaas rehta hai!!

Me and you, during wintertime, soft rainfall,
poetic moonlight, and.....long drive

Mein aur tum, sardi ka mausam,
halki halki barish, rashq e-qamar, aur...laang
drive

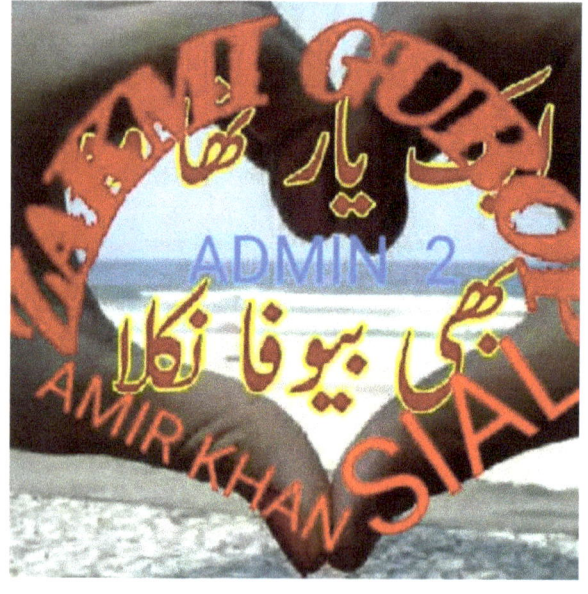

The only friend I had, turned out be disloyal

Aik yaar tha woh bhi bewafa nikla

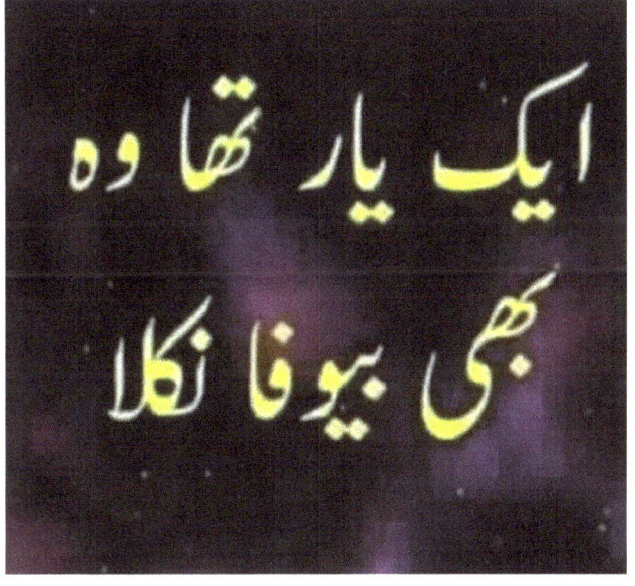

The only friend I had, turned out be disloyal

Aik yaar tha woh bhi bewafa nikla

I mattered, that was the illusion

Mei ehm tha yahi vehm tha

یقین جانو۔

میں! ....

اُن قیدیوں میں سے ہوں

جو کُھلے دروازے دیکھ کر فرار

نہیں ہوتے۔

Trust me dear, I!...am one of those prisoners
who don't run away even when the gates are wide open.

*Yaqeen jano. Main!....un qaediyon mei se hu
jo khulay darwazay dekh kar faraar nahi hotay*

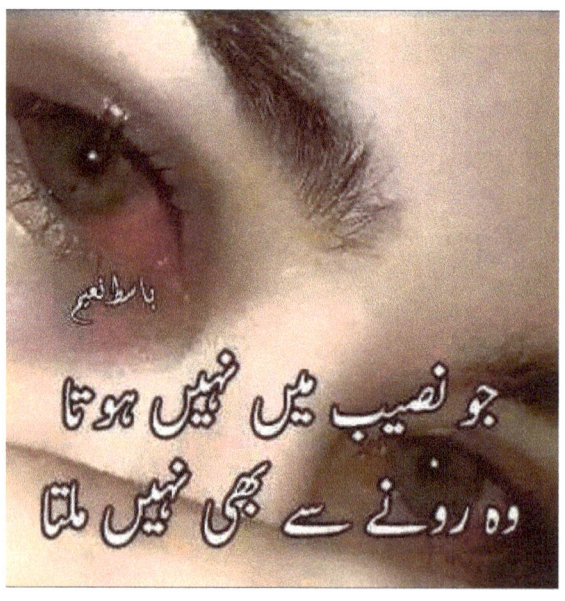

That which is not destined,
can't be acquired even by crying

Jo naseeb mei nahi hota
woh ronay se bhi nahi milta

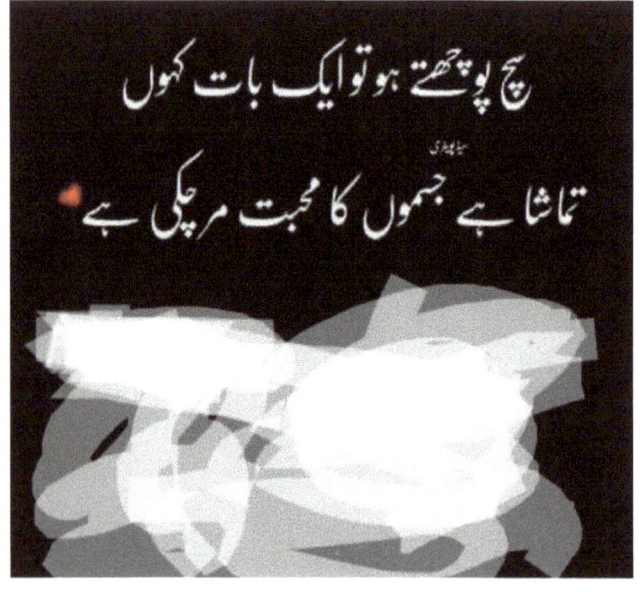

If you seek truth let me say one thing
In the grand performance of bodies, romance is dead

Sach pochtay ho tau aik baat kaho
tamasha hai jismo ka mohabbat
mar chuki hai

My well-wishers betrayed me
now I walk away from them

Mujh ko dhoka diya saharon ne
ab saharon se bach ke chalta hu

I am an orphaned prince surrounded by conspiracies
a hidden dagger is waiting to stab me

Mein saazisho mein ghira hua ik yateem shehzada
Koi chhupa hua khanjar meri talash mei hai

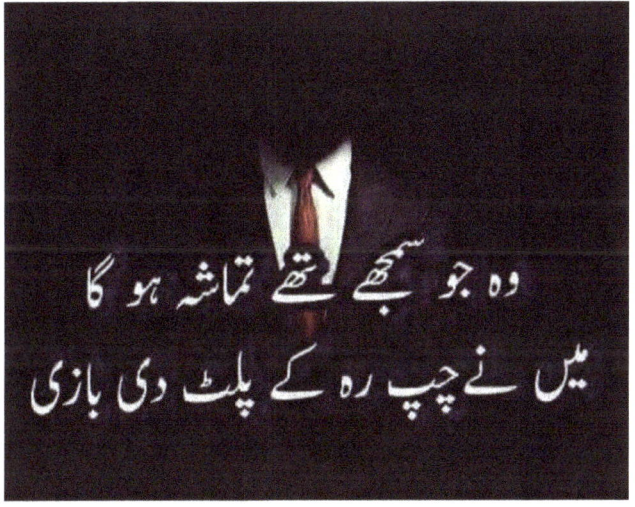

They thought it would be a performance
I stayed quiet and overturned the game

Woh jo samajhtay thay tamasha ho ga
meiney chup reh ke palat di baazi

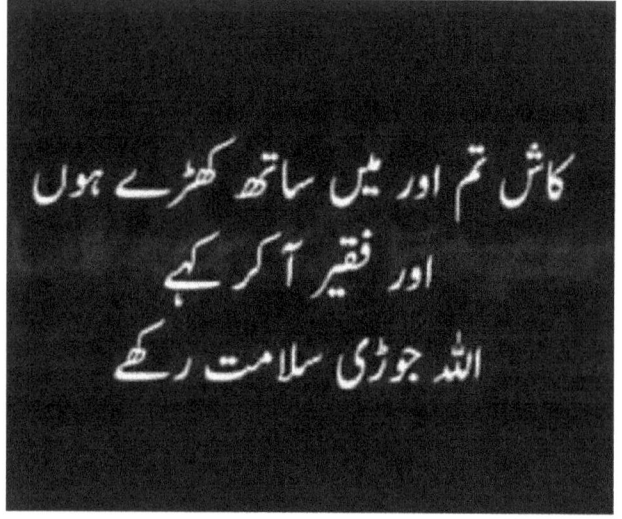

I wish that we stand together
and a fakir (holy man) comes and says
May Allah keep this couple blessed

Kaash tum aur mai saath kharay hon
aur faqeer akar kahay, allah jori salamat rakhay

I miss you a lot, dear

Boht yaad aatay ho yaar

I don't put up with anyone's shit,
love for love,, otherwise may Allah be with you

Hum kisi ke nakhray bardasht nahi kartey
mohabbat key badley mohabbat,,
warna khuda hafiz

You will wait for me

Zma ba ta ta intazar wae

My addiction was love,
now my love is addiction.

Kuch mohabbat ka nasha pehle hi hum ko tha
armaan dil jo tuta to nashe se mohabbat ho gaie

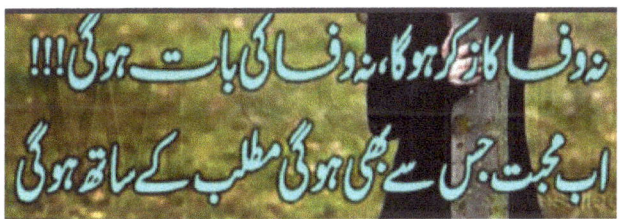

There won't be a mention of loyatly, nor there will be any talk of loyalty!!! Whoever I love now, I will love in self-interest

Na wafa ka zikr hoga na wafa ki baat ho gi!!!
Ab mohabbat jis se bhi hogi matlab ke sath ho gi

Waiting

I♥n♥t♥e♥z♥a♥a♥r

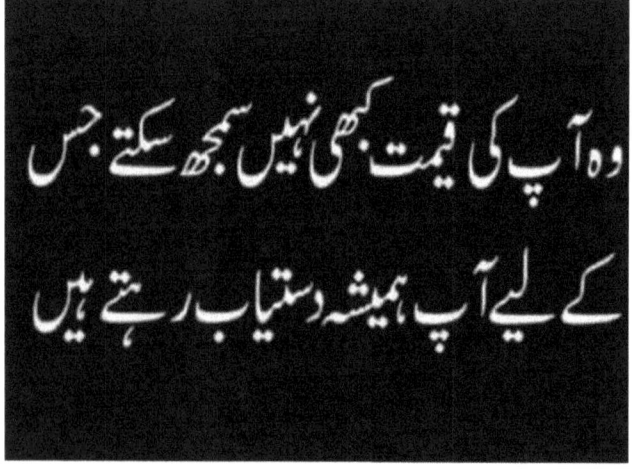

They will never know your true value,
to whom you are always available

Woh aap ki qeemat kabhi nahin samajh saktay
jis ke liye aap hamesha dastayab rehtay hain

I am attracted to those
who despise me

Mujhay pasand hai woh laug
jo mujhay pasand nahi kartay

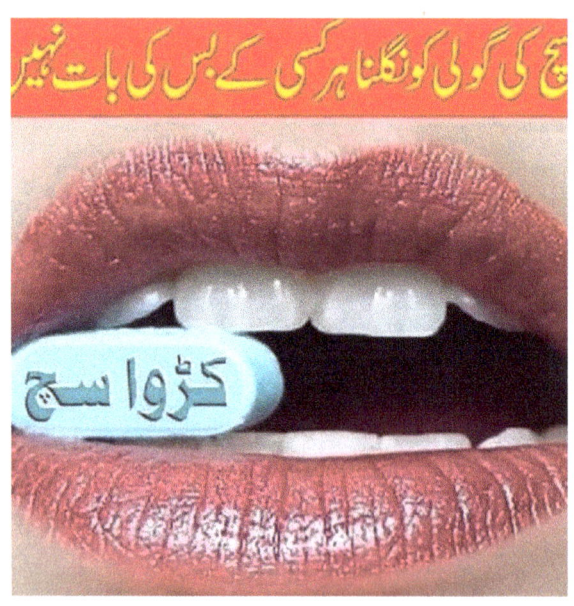

Not everyone can swallow the pill of truth
BITTER TRUTH

Sach ki goli ko nigalna har kisi ke bus ki baat nahin
KARWA SACH

Times have changed mister
snakes aren't found in your "sleeve"
but in your friend "list"

Zamana Badal gaya sahib
saanp ab "asteen" mei nahi
friend "list" Mei melty hain

Self-interest over
relationship over

Matlab khatam
rabta khatam

Forget the flaws of others,
look at yourself in the mirror sometime

Dusron ki khamian choro
kabhi apnay aagay bhi tau aina rakho

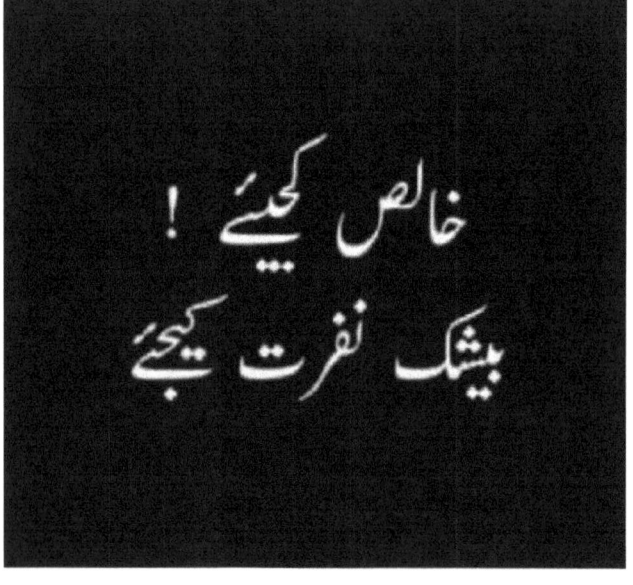

Express purely !
Even if it's hatred

Khalis kejiye !
Beshak nafrat kijiye

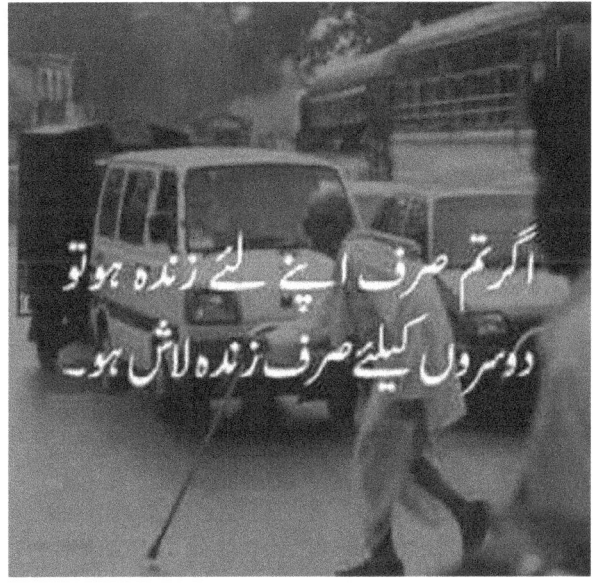

If you are only living for yourself then
for others you're a mere living corpse

Agar tum sirf apne liye zinda ho to
dusro ke liye sirf zinda laash ho.

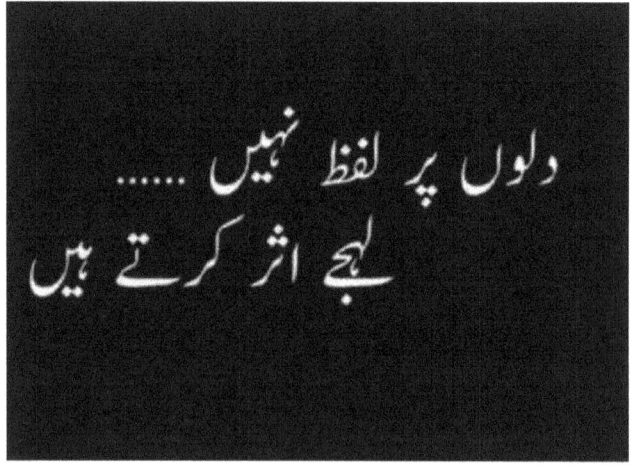

Words don't affect the heart......
tones do

Dilon par lafz nahin......
lehje asar karte hain

A lion's ride and our companionship
are only given to the lucky ones

Sher ki savari aur hamari yaari
sirf naseeb walo ko milti hai

My enemies think of themselves as lions,
but I enjoy taming lions like dogs

Meray dushman khud ko shair samajhtay hain par
mujhay sheiro ko kutto ki tarha palnay ka shoq hai

Forgive everyone before sleep
Life is not dependent on tomorrow

Sab ko maaf kar ke soya kejiye
Zindagi kal ki mohtaj nahi

دعا

کا رنگ نہیں ہوتا مگر یہ رنگ لے

آتی ہے

Prayer
Although colorless, it brings forth color

Dua ka rang nahi hota
magar yeh rang ley ati hai

عقل ... بادام کھانے سے نہیں ...
دھوکہ کھانے سے آتی ہے ...

Intelligence...comes not by eating almonds...
but by being betrayed...

Aqal...badam khanay se nahi...
dhoka khanay se ati hai...

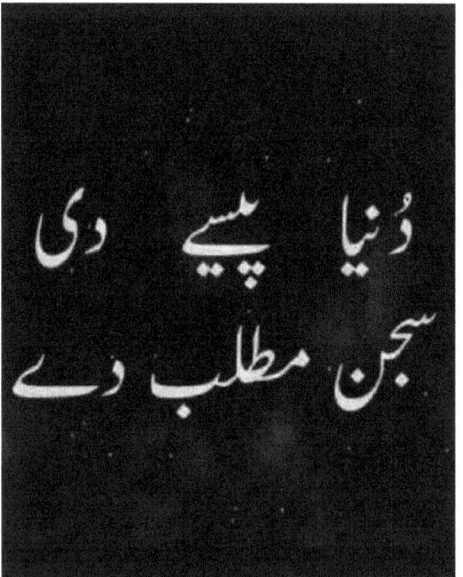

This world is for the moneyed
lovers expect interest

Dunya paisay di
Sajan matlab de

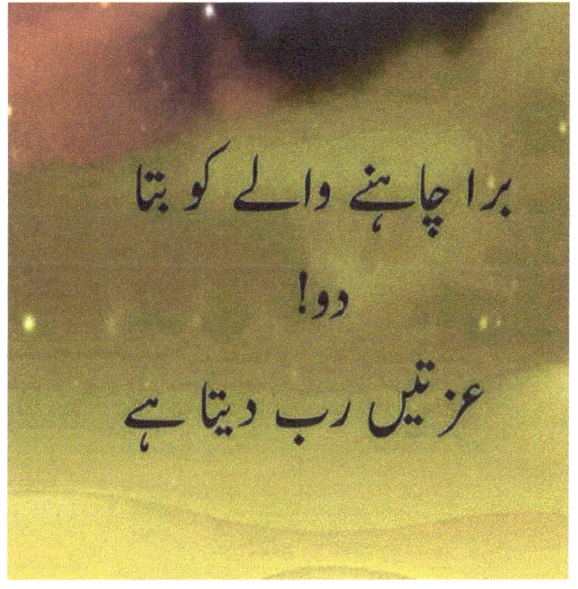

Tell the ill-wishers
God's got our back

Bura chahnay walo ko bata do
Izzatein rab deita hai

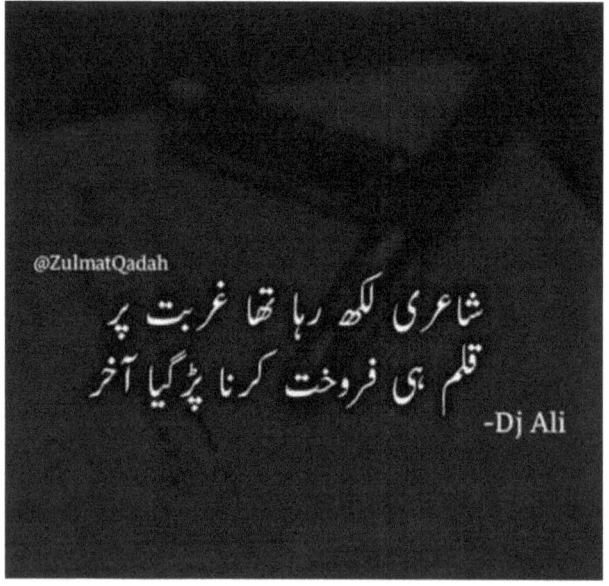

I was writing poetry on poverty
and ended up selling my pen

Shayari likh raha tha ghurbat par
Qalam hi farokht karna parh gya aakhir

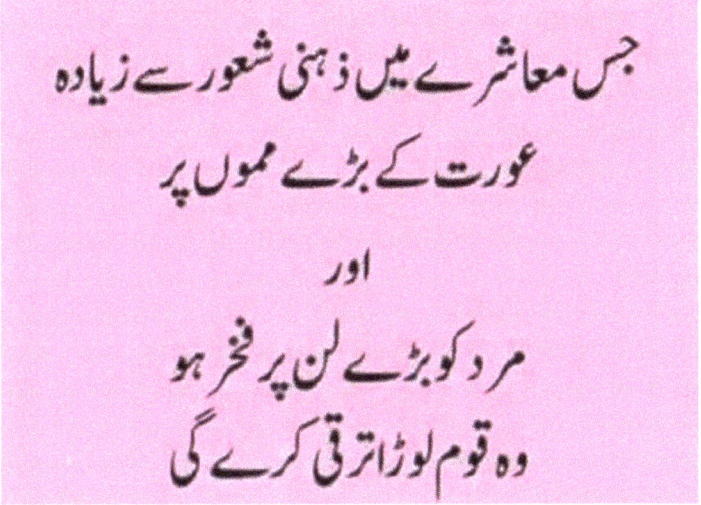

What progress does a nation make which prides itself
on big breasts and big dicks rather than on mental awareness

*Jis muashray mei zehni shaoor se zyada aurat kay
badey mammon par aur mard ko badey lun par
fakhar ho woh qaum laura taraqi karti hai*

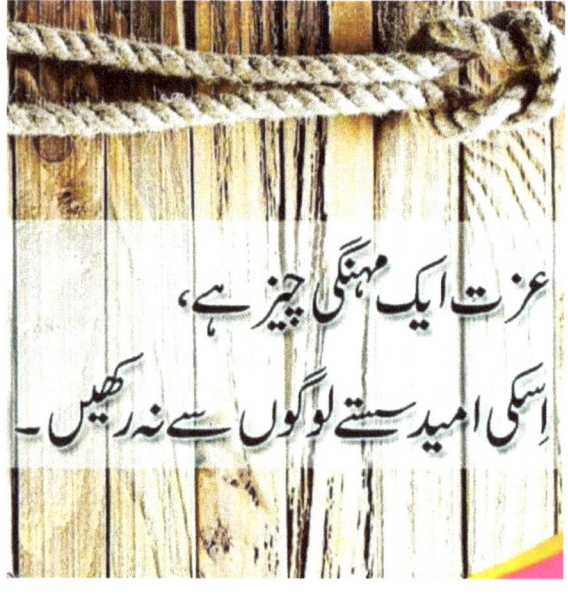

عزت ایک مہنگی چیز ہے،
اسکی امید سستے لوگوں سے نہ رکھیں ۔

Respect is an expensive thing,
don't expect it from cheap people.

Izzat aik mehngi cheez hai
Is ki umeed sastay laugaun se na rakhain

جب بھی مشکل پڑے تو آزما لینا جانی
تیری آواز پلٹنے سے پہلے بلوچ پہنچے گا

You can try me in crisis my love
Baloch will come before your cry echoes back

Jab bhi mushkil paray tau azma leina jani
Teri awaz palatnay se pehlay baloch pohnchay ga

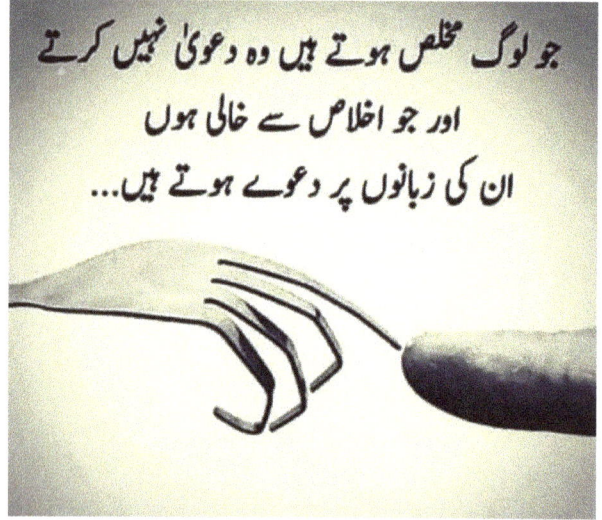

People who are sincere don't declare it,
the words of insincere people are full of declarations

Jo laug mukhlas hotay hain woh daava nahi kartey
aur jo log ikhlaas se khaali hon in ki zabaanoo par daavay
hotay hain

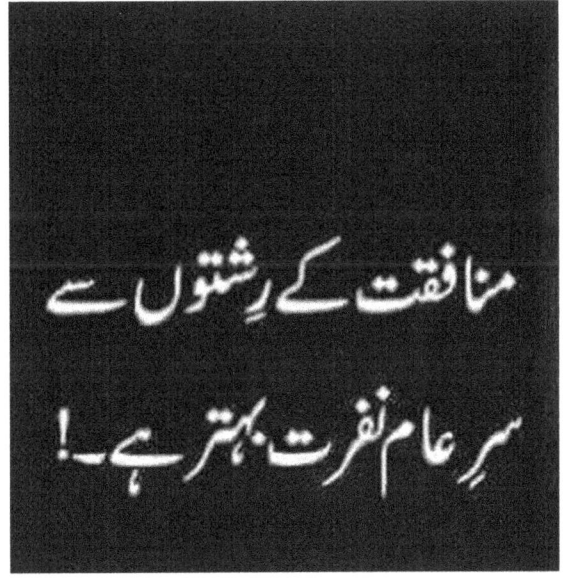

Open hatred is better than fake relations

Manafaqat ke rishto se
sar-e-aam nafrat behtar hai

نیم زندہ قوم کی رہبری کیسے کریں صاحب

کچھ غلامی میں غرق ہیں کچھ دلالی میں غرق

How to guide a half-awake nation mister
Half is busy slaving away, the other half pimping
themselves out

Neem zinda qom ki rehbari keisay karei sahab
kuch ghulami mei ghurq hain kuch dalaali mei ghurq

ہم نے چھوڑ دی فنکاریاں ورنہ
تجھ جیسے حسین تو ہم پنسل سے بنا لیتے تھے

I have left artistry behind, otherwise
I used to draw beautiful people like you with a lead pencil

Hum ney chodh di funkaariyan warna
tujh jesay haseen tau hum pencil se bana letay thay

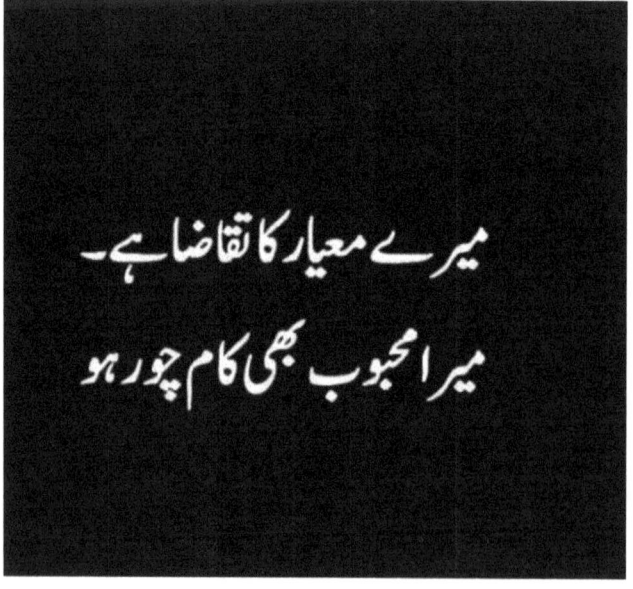

The standard of my love is such.
That my beloved should also be a slacker

Mairay mayar ka taqaza hai.
Maira mehboob bhi kaam chor ho

Homeland

Watan

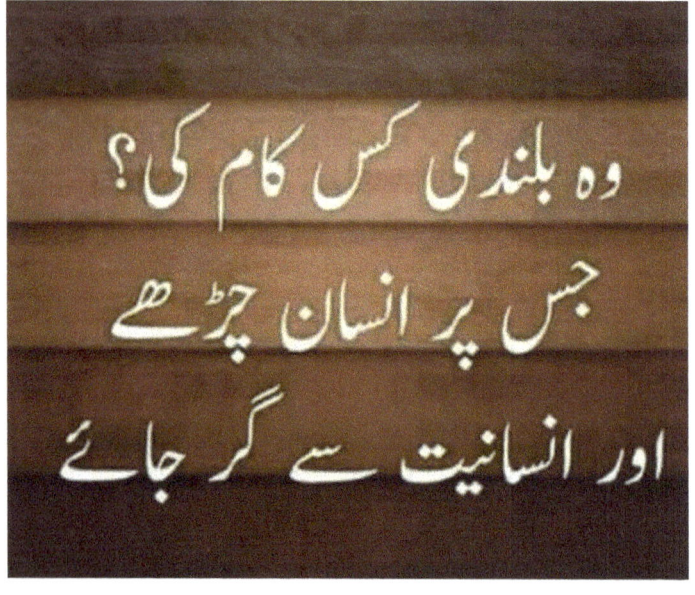

What is the point of reaching such height?
When upon reaching a person falls from humanity

Woh bulandi kis kaam ki?
Jis par insaan charhay aur insaniyat se girr jaye

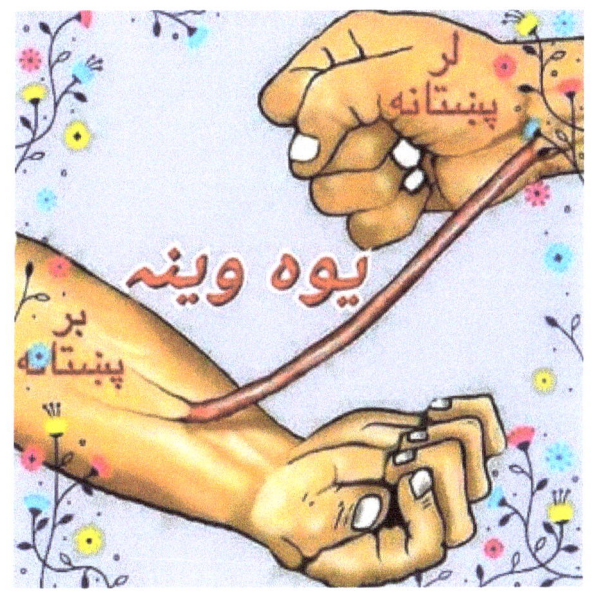

Upper Pakhtun
lower Pakhtun
one blood

Lar pakhtana
bar pakhtana
yao weena

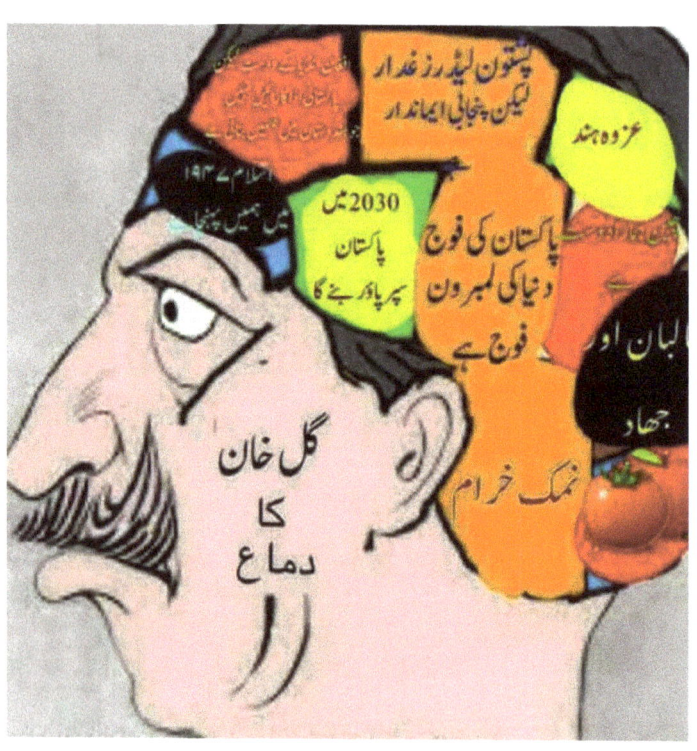

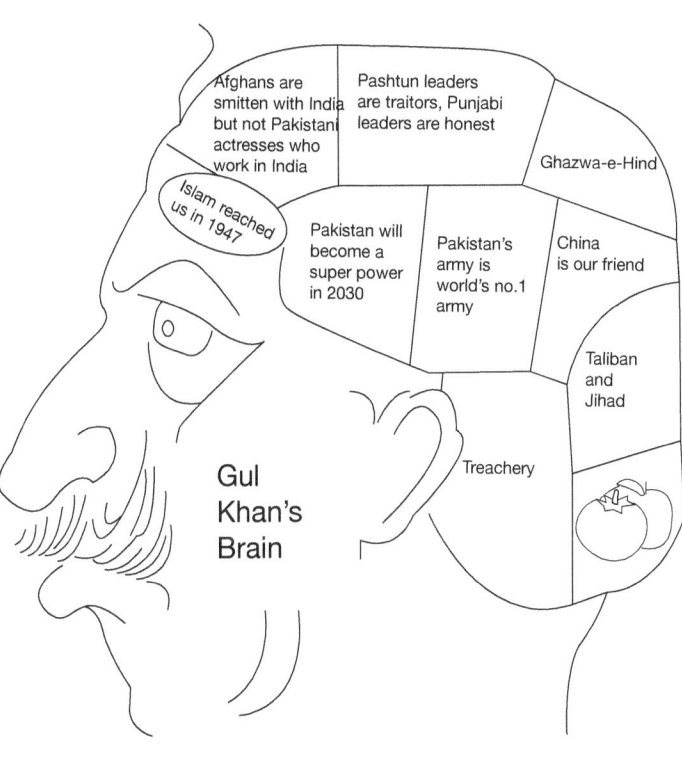

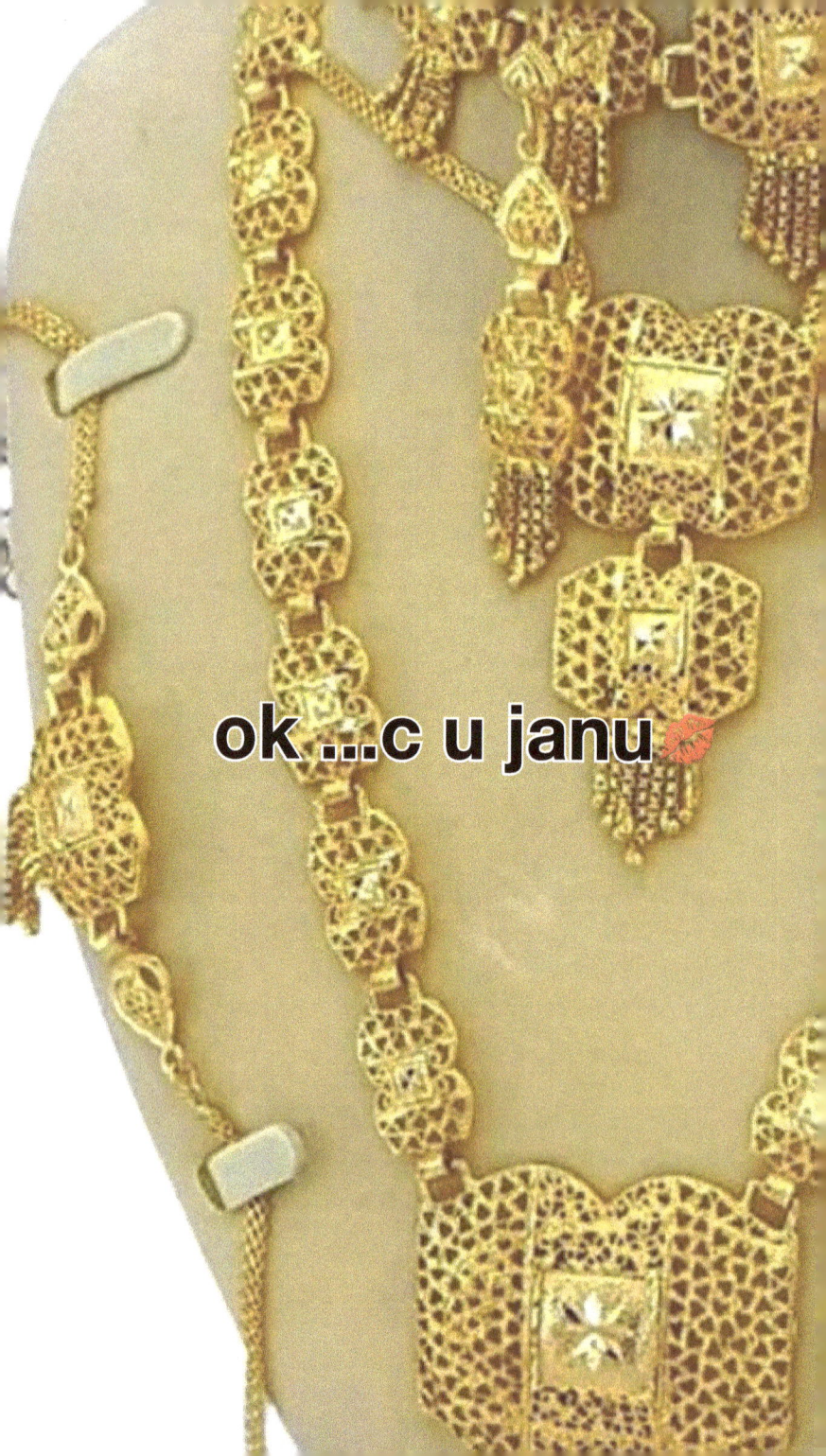

ok ...c u janu 💋

Curation: Saad Khan   *Design:* Somnath Bhatt

KHAJISTAN™ PRESS | 2023

2nd Edition